つくってみよう！発酵食品

食べものが大へんしん！発酵のひみつ

小泉 武夫 監修
中居 惠子 著

ほるぷ出版

はじめに

　目に見ることのできない小さな生きものである微生物の力をかりて、人はむかしからさまざまな発酵食品をつくってきました。発酵食品ができたのは、むかしの人たちの自然への観察力のゆたかさと知恵の深さがあったからでしょう。

　そして今、わたしたちの食生活を考えてみると、もし発酵食品がなかったら、なんとも味気ない毎日を送らなければならないことに気づくのです。たとえば、和食はみそ汁が基本ですが、みそは発酵食品です。また納豆を食べる人は、その納豆も発酵食品。ぬかづけなどのつけものもそうですね。いっぽう、洋食では、まず主食のパンが発酵食品で、チーズやヨーグルトもそうです。もし、これらがなかったとしたら、食事そのものがなりたたなくなってしまいます。

　これだけわたしたちの生活に大切な発酵食品を、もっと深く知ることは、これから長く生きていく、きみたちにとって重要な知識だと考え、この本をつくりました。また、読んで知るだけでなく、じっさいにさまざまな発酵食品を自分の手でつくってみることも、このすばらしい食べものを知るのに大切なことだと思い、だれでもできる楽しいレシピ（つくり方）もそえました。

　とにかくこの本は、読んでためになり、つくって楽しめる発酵食品を学ぶ"二本立て"です。さあ、きみたちも発酵仮面になったつもりで、発酵の世界へGO!!

発酵研究家　小泉武夫

発酵食品をつくる微生物

みなさんは、「発酵」という言葉を聞いたことがありますか？ わたしたちのまわりには、「微生物」とよばれる目に見えない小さな生きものたちがいます。その微生物のはたらきによって、食べものの形や味をかえ、べつの食べものにへんしんさせることを発酵というのです。そして、発酵によってつくられる食べものは「発酵食品」とよばれています。

発酵にかかわる微生物は大きくわけて、「菌」「カビ」「酵母」の3種類です。かれらのかつやくによってできる発酵食品のふしぎを知り、じっさいにつくってみましょう。

ぼくは菌のひとつ、乳酸菌のなかまのキンちゃんさ。ヨーグルトやチーズなどをつくるときに、ぼくの力はかかせないよ！

キンちゃん

わたしはカビのなかま、コウジカビのカービーよ。しょうゆやみそなどの発酵に深くかかわっているの。

カービー

おいらはコーボ。酵母とよばれる微生物のなかまで、パンやワイン、ビールなどをつくるときに、かつやくしているよ！

コーボ

食べものが大へんしん！発酵のひみつ
つくってみよう！発酵食品

みんなー！これからたくさんの発酵食品を紹介するよ！

はじめに	2
発酵食品をつくる微生物	3
発酵食品って、こんなにたくさん	6
牛乳がヨーグルトに大へんしん	8
ヨーグルトのひみつは乳酸菌	10
つくってみよう！ ヨーグルト	12
どこがちがうの？ ヨーグルト、チーズ、クリーム、バター	14
つくってみよう！ 発酵バター	16
やさいがつけものに大へんしん	18
発酵つけもののパワー	20
つくってみよう！ ぬかづけ	22
つくってみよう！ ピクルス	24

この本では発酵食品のひみつをときあかしていくよ！

小麦粉がパンに大へんしん ……………………… **26**
平やきパンからふっくらパンへ ………………… **28**
つくってみよう！　どうぶつパン ……………… **30**

こうじのパワー …………………………………… **34**
つくってみよう！　塩こうじ …………………… **36**
お米があま酒に大へんしん ……………………… **38**
つくってみよう！　あま酒 ……………………… **40**

ほかにもたくさん！　発酵食品 ………………… **42**
ゆたかな食文化をつくる発酵食品 ……………… **44**

さくいん …………………………………………… **46**

毎日の食事にはおどろきの発酵パワーがかくされているんですって！

発酵食品って、こんなにたくさん

みなさんは、いつもどんな朝ごはんを食べていますか？ ごはんを中心とした和食ですか？
それとも、パンが中心の洋食でしょうか？
ここでは男の子が和食、女の子が洋食の朝ごはんを食べています。

和食の朝ごはんでは、ごはんとみそ汁、それにさまざまなおかずがならんでいます。じつはごはんとやき魚以外の料理には、すべて発酵食品が使われているのです。たとえば、みそ汁のみそや、やき魚などにかけるしょうゆ、そしておひたしにかけるかつおぶし、さらに、煮ものの味つけに使われる、酒やみりんなどの調味料です。やさいのぬかづけは米ぬかを使ってつくる発酵食品です。

発酵食品がたくさん使われている和食は、海外の人たちにも人気があるよ。

和食に使われている発酵食品

みそ／しょうゆ／かつおぶし／酒／みりん／納豆／ぬかづけ

毎日の食事には発酵食品がいっぱいだよ！

　では、パンを中心にした洋食ではどうでしょうか？ 食パンやコッペパン、フランスパンなどのパンは、発酵によってつくられます。そして、ヨーグルトやチーズも発酵食品です。さらにサラダにかけるドレッシングや、ベーコンエッグにかけるウスターソースにふくまれる酢も、発酵を利用してつくられた調味料です。このようにさまざまな食べものにかかわり、わたしたちの毎日の食事をゆたかにしてくれる発酵食品について、くわしく見ていきましょう。

> 発酵食品は主食のパンや調味料など、洋食でもたくさんあるのね。

洋食に使われている発酵食品：パン、ヨーグルト、チーズ、酢

牛乳がヨーグルトに大へんしん

牛乳がヨーグルトに！

　みなさんはヨーグルトがすきですか？　給食にもでてくる人気の食べものですね。このヨーグルト、じつは牛乳からつくられています。

　スーパーなどで売られているヨーグルトの容器には、たいてい「発酵乳（はっ酵乳）」という文字が書かれていますが、この「乳」というのは牛乳のことです。つまりヨーグルトは、微生物が牛乳を発酵させてできたものです。このときはたらいているのが「乳酸菌」とよばれる微生物なのです。

発酵deへんしん！

牛乳 ＋ 乳酸菌 → ヨーグルト

ぼくら乳酸菌のはたらきで、牛乳がヨーグルトにかわるよ。

牛乳

ヨーグルトの容器のラベル

ヨーグルト

ヨーグルトのはじまり

ヨーグルトは、今からおよそ5500年前に生まれました。そのころ、今のイランやトルコのあたりでは、ヤギやヒツジなどを飼いはじめ動物の乳を利用するようになりました。

その乳からどうやってヨーグルトがつくられるようになったのでしょう。あるとき、人がしぼったままおいていた乳に乳酸菌が入って、自然に発酵し、気づいたときにはヨーグルトができていた、というのがはじまりだと考えられています。

やがて、乳をそのまま保存するよりもヨーグルトのほうが長もちすることがわかると、少しずつまわりの地域に広がっていきました。しぼったままの乳はくさりやすいので、冷蔵庫のない時代には、ヨーグルトのように少しでも長もちする食べものは大切なものでした。

乳酸菌はいろいろな動物のおなかにすんでいて、空気中にもいるんだよ。

\ 知りたい！ /
発酵まめちしき

たくさんの種類があるヨーグルト

スーパーやコンビニなどには、いろいろなヨーグルトが売られています。プレーンヨーグルトとよばれるさとうが入っていないもの、さとうやくだものの果汁であまく味つけされたもの、くだものやジャムをまぜたもの、ジュースのようにゴクゴク飲めるヨーグルトもあります。みなさんも、どんなヨーグルトがあるか、調べてみてね。

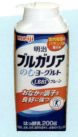

飲みやすくするために液状にした飲むヨーグルト

リンゴが入ったデザートむけのヨーグルト

ヨーグルトのひみつは乳酸菌

乳酸菌のはたらき

　牛乳がヨーグルトにへんしんするとき、乳酸菌はどんなはたらきをしているのでしょう。乳酸菌は牛乳にふくまれる乳糖＊を食べて、それをもとに「乳酸」という新しい物質を外に出します。この「乳酸」がヨーグルトのすっぱさをつくっているのです。また、牛乳の中のタンパク質＊をかためる力があるので、とろりとしたヨーグルトになるのです。

　たまに牛乳を飲むと、おなかがいたくなる人がいると聞いたことはありますか？　これはおなかの中で牛乳の乳糖をうまく消化できないためにおこります。しかしヨーグルトは、乳酸菌がすでに乳糖を消化しているので、牛乳が苦手な人でも、安心して食べられます。

　乳酸菌は、今わかっているだけで数百種類あり、そのはたらきや、形もさまざまですが、ヨーグルトづくりでは、その中のおもに数種類がはたらいています。

ヨーグルトをつくるおもな乳酸菌

細長い形をしたラクトバチルスという乳酸菌よ。

丸い形をしたストレプトコッカスという乳酸菌さ。

＊乳糖：人の体を動かすエネルギーになる栄養素である「糖」のひとつ
＊タンパク質：人の体をつくる栄養素

ヨーグルトは栄養たっぷり

　牛乳が発酵してヨーグルトになると、骨や歯に必要な「カルシウム」や、心臓や筋肉の動きを整える「カリウム」などの栄養素が牛乳よりもふえ、体にたくさん吸収されます。また、体をつくるタンパク質は、牛乳より吸収しやすい形にかわっています。さらに、ヨーグルトといっしょにおなかに入った乳酸菌は、腸にすむ「悪玉菌」とよばれる病気の原因になる微生物をへらし、腸の調子を整えてくれます。そのためヨーグルトは、とても健康によい食品といわれています。

　また、ヨーグルトを食べるときに上のほうに水分がたまっていることがありますね。これは「ホエー」（乳清）という、ヨーグルトにふくまれる栄養がたっぷり入った液体なのです。

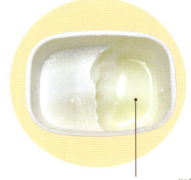

プレーンヨーグルトのホエー（乳清）。タンパク質やビタミン＊などが多くふくまれている。

ヨーグルトになると、栄養価が上がるんだね。

\知りたい！/ 発酵まめちしき

離乳食にもヨーグルト

　生まれてから母乳やミルクを飲んで育ってきた赤ちゃんは、半年くらいたつと、少しずつ食べものを食べる練習をはじめます。このときに食べるものを「離乳食」といいます。ヨーグルトはやわらかくて栄養たっぷりなので、離乳食にもピッタリです。ただし、赤ちゃんにはさとうやハチミツが入っていないものをえらぶようにしましょう。

ヨーグルトを食べる赤ちゃん

＊ビタミン：体の調子を整える栄養素

つくってみよう！ヨーグルト

牛乳はパックのラベルに「牛乳」または「成分無調整」と書かれているものを使おう！

準備するもの

道具
★ なべ
★ しゃもじ
★ スプーン
★ 温度計
★ タッパーなどの保存容器
★ 保温用の使いすてカイロ、タオルなど

材料（500mL分）
★ 牛乳…500mL
★ プレーンヨーグルト…50mL

注意 保存容器やスプーンは、前もって80℃以上の熱湯につけて消毒しておこう！

つくりかた

1 牛乳の殺菌

牛乳をなべに入れて、弱火であたためる。なべに入れた牛乳のふちに、小さいあわができはじめたら、ふっとうがはじまる合図。弱火からとろ火にして、しゃもじでゆっくりかきまぜる。ときどき、温度計で温度を計りながら80℃前後にたもち、5分ほど殺菌する。

火を使うときは、おとなといっしょにね！

2 ヨーグルトを入れる

殺菌したら火をとめて、牛乳をさます。40〜45℃ぐらいまでさましたら、消毒したスプーンでプレーンヨーグルトを入れて、よくかきまぜる。温度が下がりすぎないように手早くやろう。

乳酸菌の活動は、40℃前後で一番活発になるから、温度の管理が大切なんだ！

3 保温する

消毒した保存容器に 2 を入れて、ひと晩（8〜12時間）保温する。
保存容器のまわりに、使いすてカイロをはさんだタオルをまく。使いすてカイロをタオルの内側にしたり外側にしたりして、40℃前後にたもつようにする。

ひとくふう

保存容器のかわりに、温度をたもつ保温ポットを使うと、よりかんたんに保温できる。

4 できあがり

ひと晩おいて、できあがり。できたヨーグルトは冷蔵庫で保存する。

使おう！ 発酵のチカラ

豆乳ヨーグルト

ヨーグルトはさまざまな動物の乳でつくることができますが、手に入りやすい豆乳を使ってもつくれます。豆乳でヨーグルトをつくる手順も、牛乳と同じです。ラベルに「成分無調整」と書かれているものをえらびましょう。

豆乳は、水につけてやわらかくした大豆をすりつぶし、蒸し煮にしてしぼり、汁だけをこした飲みもので、さまざまな料理に牛乳のかわりとして使うこともできます。

成分無調整の豆乳

どこがちがうの？
ヨーグルト、チーズ、クリーム、バター

はじまりは生乳から

スーパーなどの牛乳売り場へ行くと、近くにヨーグルトやチーズ、クリーム、バターなどがならんでいますね。これらはすべて乳製品とよばれています。どれもなんとなくにているような気がしますが、どこがちがうのでしょう？ すべての乳製品のもととなる、「生乳」からつくられる乳製品を見てみましょう。

生乳

しぼりたてのウシの乳。

殺菌

発酵　**発酵**

牛乳

生乳を殺菌してから、検査をして出荷する。家や給食での飲みものとしておなじみ。

ヨーグルト

ジャムやくだものとあわせてもおいしい。デザートにも人気。

チーズ

そのまま食べたり、料理に使ったり。種類がとっても豊富。

こんなにたくさん！ 乳製品

　生乳からはさまざまな乳製品ができますが、そのうち乳酸菌などのはたらきで発酵させてつくるのはヨーグルトとチーズです。チーズは、生乳にレンネットという牛乳にふくまれるタンパク質をかためる液をくわえて、水分を取りのぞき時間をかけて発酵させます。

　クリームは、見た目はなめらかなヨーグルトのようですが、発酵させてつくったものではありません。牛乳にふくまれる脂肪*分を取りだしたもので、生クリームともよばれます。

　さらに、クリームをかきまぜると、バターミルクとよばれる液体と脂肪のつぶにわかれます。そこから、水分をしぼると、バターができあがるのです。

かきまぜて乳脂肪分を取りだす

クリーム
おかしやスープなどの料理に使う。そのまま食べることは少ない。

さらにかきまぜる

バター
パンにぬったり、ホットケーキにのせたり。料理に使うとかおりがいい。

日本では牛乳を使った乳製品が多いけど、国によっては、ヤギやヒツジ、ラクダなどの動物の乳を使ってつくられる乳製品もあるんだ！

\ 知りたい！/
発酵まめちしき

発酵バターってどんなもの？
　日本でよく使われているバターは、発酵させていないものがほとんどです。いっぽう、ヨーロッパで一般的に食べられているバターは「発酵バター」といい、クリームを乳酸菌で発酵させてからつくります。発酵バターはかおりが強く、さわやかな味わいがあります。家庭でもつくることができるので、16〜17ページを見てつくってみましょう！

発酵バター

*脂肪：体に必要な栄養素のひとつで、大きなエネルギーとなる

つくってみよう！
発酵バター

生クリームは、「乳脂肪35％」と書かれているものを使おう！脂肪分が35％より少ないものや、ホイップクリームではつくれないよ。

・・・ 準備するもの ・・・

道具
- ★ スプーン　★ クリップ（または、せんたくばさみ）
- ★ 保温用の使いすてカイロ、タオルなど
- ★ 温度計　★ ボウル…2つ　★ ハンドミキサー　★ ざる
- ★ キッチンペーパー　★ タッパーなどの保存容器

材料
- ★ 生クリーム…200mL
- ★ ヨーグルト…大さじ2はい

注意 スプーンやボウル、ざる、保存容器は、使う前に熱湯につけて消毒しておこう！
生クリームは前もって冷蔵庫から出し、部屋の温度と同じくらいにしておこう！

つくりかた

1 ヨーグルトを入れる

室温にもどした生クリームの紙パックを開けて、消毒したスプーンでヨーグルトを入れてかきまぜる。紙パックの口はクリップなどでとじておく。

2 保温する

❶を、保温用の使いすてカイロをつけたタオルでまいて保温する。使いすてカイロをタオルの内側にしたり外側にしたりして、36〜40℃にたもち、12〜15時間おいて発酵させる。

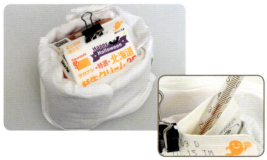

3 発酵の完了

発酵がすすむと、ちょっとすっぱいにおいがして、ヨーグルトのようにかたまってくる。トロトロのマヨネーズくらいのかたさになったら、発酵の完了。その後、冷蔵庫で数時間ひやす。

4 かきまぜる

3をボウルにうつして、ハンドミキサーでよくかきまぜる。10分くらいかきまぜると、バターのつぶと水分にわかれてくる。ハンドミキサーがなければ、びんに入れてふってもよい。

5 水分をしぼりとる

べつのボウルにキッチンペーパーをしいたざるをのせ、その上に4をとりだす。バターをスプーンでおしながら、水分をしぼりだす。2～3回、キッチンペーパーをとりかえて、水分をよくしぼる。

この水分は、「バターミルク」。栄養たっぷりで牛乳のかわりにおかしづくりにも使えるよ。

6 できあがり

水分をしっかりしぼったら、発酵バターのできあがり。保存容器にうつして冷蔵庫に入れよう。2～3日で食べてしまってね。

使おう！ 発酵のチカラ

サワークリーム

生クリームにヨーグルトをまぜてできるものに、サワークリームがあります。じつは、発酵バターをつくる手順3でできるものが、サワークリームなのです。サワークリームは、発酵バターよりやわらかく、さっぱりとした風味があります。パンケーキやトーストにぬるとおいしく食べられます。

パンケーキにそえられたサワークリーム

やさいがつけものに大へんしん

やさいをつけものにすると……

　みなさんは、なぜやさいをつけものにするのか、考えてみたことがありますか？　やさいはつけものにすると、生のままで保存するよりくさりにくくて長もちし、そしておいしくなります。むかしは、今のように一年を通してたくさんのやさいを育てる技術がなく、冬に食べられるやさいはとても少なかったのです。そこで冬にそなえるために、やさいをつけものにしていました。

　さいしょのつけものは、やさいを塩につけてつくる「塩づけ」だと考えられています。塩には食べものがくさるのをふせぐ力があり、塩につけるとやさいから水分が出るかわりに塩がやさいにしみこんでいきます。そして、やさいの皮にいる乳酸菌が発酵をすすめます。

発酵deへんしん！
やさい ＋ 乳酸菌 → 発酵つけもの

やさいにいる乳酸菌は、ヨーグルトやチーズをつくる乳酸菌とはちがう種類のものなんだ。

生のやさい
キュウリのほかにも、ダイコン、ナスやニンジンなど、つけものにできるやさいはたくさんある。

塩づけされているやさい
塩につけることで、やさいから水分が出る。その水分の中で乳酸菌が発酵をすすめる。

つけもの（塩づけ）
発酵してできたつけものは、長もちし、おいしくなる。

つけものと発酵

発酵のはたらきでできるつけものは「発酵つけもの」ともよばれます。発酵つけものには、長く塩につけこんだ塩づけのほかに、「ぬかづけ」、「こうじづけ」、「かすづけ」などがあります。これらは、つくるのに時間や手間がかかりますが、長く保存できるうえに、どくとくの味やかおりがくわわっておいしくなります。

近ごろはあまり発酵していないつけものもたくさん食べられています。「一夜づけ」や「浅づけ」といって、調味料を入れた液にやさいを短い時間つけて味つけしたものなどが人気です。

おもな発酵つけもの

ぬかづけ

「米ぬか」という米を精米するときに出るけずりかすを使ったつけもの。

こうじづけ

米や麦などにコウジカビがつくことでできる「こうじ」を使ったつけもの。東京の「べったらづけ」が有名。

かすづけ

日本酒をつくるときに出る「酒かす」を使ったつけもので、奈良づけが有名。

らっきょうづけ

塩づけのひとつ。らっきょうを塩づけして発酵させたあとに、酢につけたもの。

こうじは34〜35ページでくわしく説明しているわ。

\知りたい!/ 発酵まめちしき

日本人はいつからつけものを食べていた？

日本では、縄文時代から海水を使ったかんたんな塩づけが食べられていたと考えられています。奈良時代になると、ナズナやウリ、セリ、ミョウガなど、さまざまなやさいをつけものにして食べていたという記録がのこっています。右の写真は平安時代の貴族の食事を再現したものですが、そこでもつけものを食べていたことがわかります。

つけもの

ごはんや汁ものにくわえて、多くのおかずがならんでいる

発酵つけもののパワー

発酵つけものは栄養満点

発酵つけものは、コウジカビなどの力によって発酵するものもありますが、多くは乳酸菌のはたらきによるものです。この乳酸菌のはたらきによって、発酵つけものは生のやさいより長もちしたり、どくとくの味やかおりがくわわったりします。

また、ぬかづけやかすづけ、こうじづけは、米ぬかや酒かす、こうじの中のビタミンなどの栄養素がやさいに入ってくるため、生のやさいとくらべて栄養がゆたかになっています。

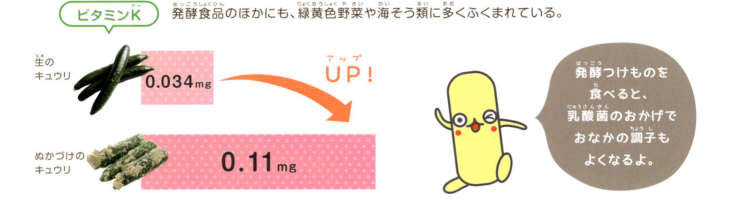

ビタミンK　発酵食品のほかにも、緑黄色野菜や海そう類に多くふくまれている。

生のキュウリ　0.034mg
ぬかづけのキュウリ　0.11mg
UP！

発酵つけものを食べると、乳酸菌のおかげでおなかの調子もよくなるよ。

ビタミンB₁　ブタ肉やウナギ、玄米などにも多くふくまれ、つかれを回復してくれる。

生のキュウリ　0.03mg
ぬかづけのキュウリ　0.26mg
UP！

ぬかづけのキュウリは、生のキュウリとくらべて、ビタミンB₁が10倍近くふえている。

世界の3大発酵つけもの

　発酵つけものを食べているのは、日本だけではありません。世界にもいろいろな発酵つけものがあります。その中でも、ザワークラウト、ピクルス、キムチの3つはとくによく知られています。

　ザワークラウトは、キャベツを塩づけして発酵させるつけもので、ドイツでよく食べられています。ピクルスは、アメリカやヨーロッパで広くつくられているつけもので、塩水につけたやさいを発酵させてつくりますが、つけ汁につけただけで発酵させないものもあります。キムチは韓国の代表的な発酵つけもので、日本でもよく食べられています。

ザワークラウト

すっぱい味がするキャベツのつけもの。ソーセージなどといっしょに食べることが多い。

ピクルス

キュウリやニンジンなど使われるやさいはさまざま。キュウリのピクルスはハンバーガーの中に入れることが多い。

キムチ

ハクサイやダイコンなどをトウガラシやニンニクのほか、さまざまな薬味をくわえてつける、からいつけもの。

ほかに、どんな発酵つけものがあるか、調べてみよう！

\ 知りたい！/ 発酵まめちしき

病気にきくぬかづけ

　ぬかづけは江戸時代に生まれ、さかんにつくられるようになりました。この時代、ビタミンB_1がたりなくなっておこる「江戸わずらい」とよばれた「脚気」という病気がはやりました。それは、このころから米を精米して食べる習慣が広まったことと関係があるといわれています。米ぬかには、体に必要なビタミンB_1がたくさんふくまれているので、ぬかづけにして利用したといわれています。

米ぬか

つくってみよう！ぬかづけ

米ぬかには、いろいろな栄養素が入っているよ。

準備するもの

道具
★ なべ
★ つけもの容器

材料
★ 水…500mL　★ 塩…50g（夏は量を少し多くしてもよい）
★ いりぬか（ぬかをからいり*したもの）…500g
★ コンブ　トウガラシ（タネを取りのぞき、輪切りにしたもの）
★ やさいくず（ニンジンの切れはし、ダイコンの皮、キャベツの外側の葉など）
★ 板ずり*した本づけ用のやさい（キュウリやナス、ダイコン、ニンジンなど）

*からいり：油を使わずに食材をいり、水分を取りのぞいてこうばしくすること
*板ずり：塩をまぶして、まな板の上で軽くおしつけるようにころがして塩をなじませること

注意 本づけ用のやさいはあらって、よく水を切っておこう！

つくりかた

1 塩水をつくる

なべに水を入れて火にかけ、ふっとうしたら塩を入れる。塩がとけたら火を止めて、熱を感じないくらいにさます。

火を使うときは、おとなといっしょにね！

2 ぬか床づくり

つけもの容器にいりぬかを入れて、①のさました塩水を入れてかきまぜる。塩水は2、3回にわけて入れ、全体を耳たぶくらいのやわらかさにする。

3 薬味などをまぜる

2にコンブとトウガラシをまぜる。このみによって、ショウガやニンニクを入れていっしょにまぜてもよい。

4 やさいくずをつける

3のぬか床に、やさいくずをうめるように入れて、ぬかでおおう。

5 やさいくずを取りかえる

4を1日おいたら、やさいくずを取りだし、ぬか床をよくかきまぜる。そして、新しいやさいくずをぬか床にうめる。これを3回くらいくりかえす。

> やさいくずは食べないですててしまおう。これを「すてづけ」というよ。

6 つけこみ

板ずりした本づけ用のやさいをぬか床にうめて、まわりをしっかりおさえて空気をぬく。

7 できあがり

6を半日から1日おいたらできあがり。ぬか床からだしたやさいは、水でぬかをあらいながしてから食べる。

\ 使おう！/
発酵のチカラ

ぬか床の保存のしかた

ぬか床は、日のあたらないすずしい場所においておき、1日に1回、よくかきまぜます。こうすると、悪い菌がふえるのをふせいで、長く使うことができます。1週間ほど手入れをできないときは、やさいを全部取りだして、容器のまま冷凍庫に入れておきましょう。夏の暑い時期には、冷蔵庫に入れておくと、ぬか床が長もちします。

つくってみよう！ピクルス

ピクルスづくりには、5.0〜5.5％の塩水を使うよ。これは水1Lに塩を50〜55gまぜればつくれるよ。

準備するもの

道具
- なべ
- スプーン
- 温度計
- つけもの容器
- 小皿などのおもし
- キッチンペーパー
- 輪ゴム

材料
- 水…1L
- 塩…55g
- インスタントドライイースト…小さじ半分
- やさい（キュウリ、ニンジン、パプリカなど）
- ローリエ（げっけいじゅの葉）…1枚
- つぶコショウ…10つぶ
- トウガラシ…1本（タネを取りのぞいておく）
- ニンニク…1かけ

注意 スプーンとつけもの容器、小皿などのおもしは、熱湯にひたして消毒しておこう！

つくりかた

火を使うときは、おとなといっしょにね！

1 塩水をつくる

なべに水を入れて火にかけ、ふっとうしたら火を止めて、塩を入れる。塩がすっかりとけるまでスプーンでかきまわし、そのままさます。ときどき温度計で計りながら40℃くらいまでさます。

2 イーストをとかす

①が40℃くらいにさめたら、インスタントドライイーストを入れて、スプーンでかきまぜてとかす。

3 材料をつけもの容器に入れる

やさいは水であらって容器に入る大きさに切り、消毒したつけもの容器の中に入れる。ローリエ、つぶコショウ、トウガラシはそのまま、ニンニクは半分に切って入れる。

4 塩水をそそぐ

2のイーストをとかした塩水を容器にそそぐ。材料がすっかりかくれるまで、たっぷりとそそぎ入れる。

5 おもしをして、口をおおう

4の上に小皿などのおもしをおいて、中のやさいが空気にふれないようにする。容器の口にキッチンペーパーをかけ、ホコリが入らないようにおおい、輪ゴムでとめる。

6 発酵させる

発酵がはじまると、あわが出るようになるので、そのまま6〜7日おいておく。

7 できあがり

発酵がすすむとつけ汁が白くにごり、やさいがだんだんすっぱくなる。このみのすっぱさになったらできあがり。できあがったら、冷蔵庫に入れて保存する。

1週間ほどで食べるようにしよう。

使おう！ 調味料のチカラ

べんりなピクルス液

発酵させないピクルスは、前もって味つけしたつけ汁に材料をつけてつくります。つけ汁は、酢と水にさとうと塩を入れて、一度ふっとうさせてからさましておきます。ここにやさいを入れてつけると、数時間ほどで食べられるようになります。

ピクルス液の材料
- ★ 酢…200mL
- ★ 水…200mL
- ★ さとう…25g
- ★ 塩…4g

小麦粉がパンに大へんしん

パンがふくらむのはどうして？

　やきたてのパンは、とてもいいかおりがして、食よくがわいてきますね。じつは、パンも発酵のはたらきでできる発酵食品なのです。

　パンは小麦粉と水に塩やバターなどをくわえ、これらをよくこねて生地をつくり、オーブンや石がまなどでやいてつくります。しかし、これだけではふっくらとしたパンにはならず、うすくて平べったいものになってしまいます。ふんわりやわらかいパンをつくるには、もうひとつ、大切な材料があるのです。それがイーストともよばれる「酵母」です。

発酵deへんしん！

小麦粉 ＋ 水 ＋ 酵母（イースト） → パン

生地をやいてできあがり！

イーストが入ったパンの生地 → 発酵中 →

生地を丸めて発酵の準備中さ。

ずいぶんふくらんできたぞ。

イーストが生地をふっくらさせ、おいしいパンができるんだ！

パンのあなのなぞ

　パンの切り口を見てみると、たくさんのあながあいていますね。この「気泡」とよばれるあなはどうやってできるか知っていますか？　じつはこれ、生地が発酵していくなかで、イーストがつくりだしているのです。パン生地にまじったイーストは、小麦粉の糖類＊をせっせと食べて、生地の中でふえていきます。そして、たくさんの炭酸ガス（二酸化炭素）とアルコールを出すので、パン生地はもとの大きさの2〜3倍にふくらみます。

　その生地をやくと、炭酸ガスやアルコールがとじこめられていたところが小さいあなになって、ふわふわとした口あたりのパンになるのです。

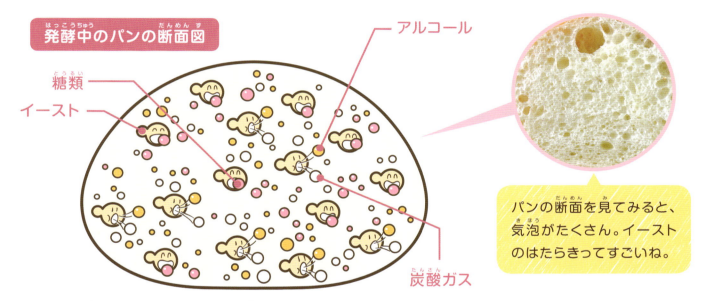

発酵中のパンの断面図

イーストがつくりだすアルコールは、パンのいいにおいのもとにもなる。

パンの断面を見てみると、気泡がたくさん。イーストのはたらきってすごいね。

＼知りたい！／ 発酵まめちしき

フランスパンの切れこみは何のため？

　フランスパンなどのかためのパンには、表面にきれいなもようがついていますね。これは「クープ」といって、やく前に専用のナイフで切れこみを入れてつくるのですが、パンをきれいにみせるほかにも大事な役割があります。クープを入れると、生地の中の気泡が広がるため、生地がはれつするのをふせいでくれるとともに、火の通りをよくし、パンをふっくらやくことができます。

大小さまざまな気泡がちらばっているパンが、おいしいといわれている

＊糖類：人の体を動かすエネルギー源になる栄養素

平やきパンからふっくらパンへ

はじまりは平たいパン

　パンの原料になる小麦粉は、小麦の実をひいて粉にしたものです。小麦は、8000年前には今のイランのあたりに広がるメソポタミア地方で食べられていました。はじめは小麦の実をおかゆのようにして食べていましたが、やがて粉にする方法が考えだされます。そして、その粉を水でといて生地をつくり、その生地を熱した石の上に広げてやいたパンが発明されました。

　この、発酵させないパンは「無発酵パン」や「平やきパン」とよばれていて、今でも世界中で食べられています。

世界の無発酵パン

ピタパン
中近東で食べられるピタパン。中が空どうになっていて、やさいや肉などをつめて食べる。

チャパティ
インドなどで食べられるチャパティ。カレーにつけて食べることが多い。

トルティーヤ
メキシコで食べられるトルティーヤ。小麦ではなくトウモロコシの粉からつくる。肉ややさいをつつんで食べるタコスにも使われる。

マーラーカオ
中国で食べられるマーラーカオ。無発酵だが、ふくらし粉を入れて蒸しているため、カステラのようにふっくらしている。

パン文化の広がり

　パンづくりの文化は、今から8000〜6000年ほど前に、ペルシャ湾にそそぐチグリス・ユーフラテス川のまわりでさかえたメソポタミア文明からはじまりました。その後地中海のほうへと広がり、そのころさかえた古代エジプトで、発酵パンが発見されました。発酵パンは、たまたまやくのをわすれていた生地に、イーストが入りこんでふくらんだものを、やいて食べたことからはじまったと考えられています。

　やがてパン文化は、地中海をとりかこむ地域全体に広がり、さらにパンづくりの技術もすすんでいきました。

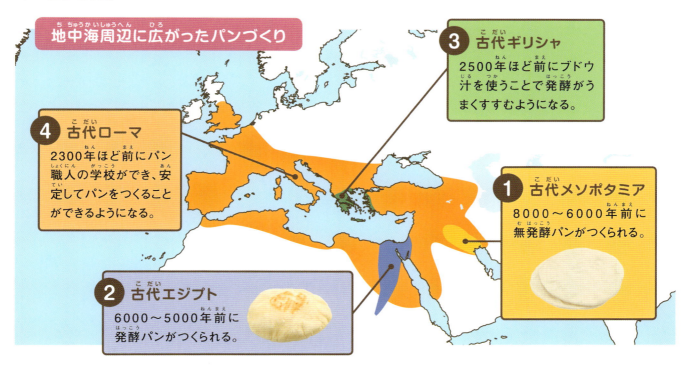

地中海周辺に広がったパンづくり

3 古代ギリシャ
2500年ほど前にブドウ汁を使うことで発酵がうまくすすむようになる。

4 古代ローマ
2300年ほど前にパン職人の学校ができ、安定してパンをつくることができるようになる。

1 古代メソポタミア
8000〜6000年前に無発酵パンがつくられる。

2 古代エジプト
6000〜5000年前に発酵パンがつくられる。

\知りたい!/

発酵まめちしき

古代エジプトのパンづくり

　発酵パンづくりがはじまった古代エジプトの王様のお墓で、パンづくりのようすをえがいた壁画が見つかっています。今から3500年ほど前にかかれたもので、その時代のパンがどのようにつくられていたのかをつたえています。

パンの生地をつくっているようす

麦を粉にしているようす

つくってみよう！ どうぶつパン

難しい手順もあるから、おとなといっしょにチャレンジしよう！

準備するもの

道具

- ボウル…3つほど
- ふるい
- こね台
- ラップ
- スケッパー（もしくは、フライ返し、ヘラ）
- ふきん
- 天板
- クッキングシート
- はけ
- オーブン

材料

- 強力粉（小麦粉の一種）…250g
- 水…165mL
- インスタントドライイースト…5g
- さとう…13g
- 塩…5g
- スキムミルク…5g
- バター…15g
- チョコペン、レーズンなど
- 卵液（卵…2分の1個、水…大さじ2はい、塩…小さじ4分の1をまぜあわせたもの）

 バターは、前もって冷蔵庫から出し、部屋の温度と同じくらいにしておこう！

つくりかた

1 材料をまぜる

ふるいを使ってボウルに強力粉を入れる。そこに、水、インスタントドライイースト、さとう、塩、スキムミルクを入れて、材料がひとつにまとまるまでかきまぜる。

2 材料をこねる

❶の材料がまとまり生地ができたら、こね台の上におき、20分ほどこねる。生地を台にこすりつけるようにしてのばしたりたたんだり、台にたたきつけたりしながら、よくこねる。力がいるから、おとなの人に手伝ってもらおう。

はじめは指や手のひらに生地がつくけれど、こねているうちに手につかなくなる。ここでしっかりこねると、ふっくらしたパンになるよ。

3 バターをまぜる

❷の生地を広げ、まん中にバターを入れて、さらに10分ほどよくこねる。こねた生地を指でのばしてみて、指がすけて見えるくらいにのびれば、こねあがり。

4 1回目の発酵

❸の生地を丸くまとめてボウルに入れる。ラップをかけ、35℃くらいのところに30〜40分おいて、1回目の発酵をさせる。夏は室温が高い部屋で休ませ、冬は大きめのボウルにお湯を入れ、生地の入ったボウルをうかべてあたためる。

冬のときの発酵方法

5 発酵のテスト

生地がふくらんで2〜2.5倍になったら、指に小麦粉をつけて生地にさしこみ、あなをあける。あながもどらなければ成功。あながとじてしまったら、発酵をつづけよう。

パンがふくらむのはイーストが炭酸ガスを出しているからだよ！

6 ガスぬきをする

1回目の発酵がすんだ **5** の生地に、手のひらをかるくおしつけて、生地の中にできた炭酸ガスをぬく。

7 生地をわける

ガスをぬいたら、スケッパーで生地をわける。このとき、つくりたいどうぶつの顔や耳などパーツごとの大きさにわける。スケッパーがない場合は、フライ返しやヘラを使ってもよい。

8 ベンチタイムをとる

7 でわけた生地をひとつずつ手のひらでころがして丸くする。丸めた生地は、それぞれを少しはなしておき、ラップをかけ、さらにその上からかわいたふきんをかけて、そのまま15〜20分間休ませる。

> 生地を落ち着かせるこの時間を「ベンチタイム」というよ。

9 かたちを整える

ベンチタイムでふくらんだ生地の炭酸ガスをぬきながら、どうぶつの顔や耳の形に整えて、合体させる。そして、天板の上にクッキングシートをしいて、生地をならべる。

10 2回目の発酵

9にラップをし、かわいたふきんをかけて、25〜35℃くらいの部屋に40分ほどそのままおいておく。1.5〜2倍くらいにふくらんだら、2回目の発酵のできあがり。

2回目の発酵では、となりの生地とくっつかないように、はなしてならべよう。

11 生地をやく

10の生地の表面に卵液をすばやくぬり、190〜210℃にあたためたオーブンで、10〜12分ほどやく。卵液をぬる前にレーズンなどをうめて、どうぶつの目や口をつくってもよい。

12 できあがり

きれいにやき色がついたら、オーブンから出してさます。やけた天板でやけどしないように注意しよう。やきあがったパンがさめたら、チョコペンでどうぶつの顔をかいて、できあがり。

使おう！発酵のチカラ

パンの保存は冷凍庫で

やきあがったパンは、できるだけ早めに食べるのが一番ですが、食べのこしたパンは、食べる分ずつわけてラップにつつんで、冷凍庫で保存しましょう。冷蔵庫で保存すると、かんそうしてパサパサになり、パンの風味がなくなります。食べるときは自然解凍して、トースターや魚やきグリルでさっとやくとおいしく食べられます。

ラップをして、保存ぶくろに入れると、より風味をたもてる

こうじのパワー

日本の食文化をささえるこうじ

みなさんは、毎日和食を食べていますか？　和食は、日本の伝統的な食文化として、今そのよさが見直されています。じつは、この和食をささえているのがコウジカビなのです。

コウジカビがつくりだす「こうじ」は、しょうゆやみそ、あま酒、日本酒、酢、みりんなど、和食で使う調味料にかかせないものです。こうじとはむした米、麦や大豆などにコウジカビを植えつけたもので、植えつける材料によって、「米こうじ」「麦こうじ」「豆こうじ」とよばれます。

日本のゆたかな食文化をつくったことで、日本の「国菌」に認定されたコウジカビ（アスペルギルス・オリゼー）。※

わたしを拡大した、すがたよ！

こうじの種類

米こうじ
米みそ、あま酒、日本酒、酢、みりんなどの製造に使われる。

麦こうじ
麦みそ、しょうゆなどの製造に使われる。

豆こうじ
豆みそなどの製造に使われる。

※2006年に日本醸造学会が認定

調味料の万能選手・こうじ

こうじはみそやしょうゆなどの調味料をつくるのにかかせないものですが、こうじそのものを使った調味料もつくられています。

こうじと塩、水をまぜて発酵させた「塩こうじ」や、こうじをしょうゆにつけて熟成・発酵させた「しょうゆこうじ」などもさまざまな料理に使用することができます。

発酵食品づくりにこうじを使うと、米や麦、大豆などが分解されて、かわりにあまみやうまみなどがくわわり、消化がよく、おいしいものになるのです。

人の手でコウジカビをていねいに材料にもみこんで、こうじをつくるんだよ。

こうじを使った調味料

塩こうじ
肉や魚をつけておくと、やわらかくおいしくなる。

しょうゆこうじ
うまみが豊富で、ソースなどとして使ってもおいしい。

知りたい！発酵まめちしき

奈良時代からある、たねこうじ

こうじは、古くから食品づくりに利用されていて、奈良時代にはすでに使われていました。また、室町時代には「たねこうじ」として自分でつくったこうじを売る商人「こうじ売り」が登場したことがわかっています。たねこうじは、かんそうさせているため、長く保存することができ、現在もこうじづくりにかかせないものです。

たねこうじ

つくってみよう！ 塩こうじ

お店で売っているこうじは、かんそうさせたものが多いけど、生のこうじでもつくれるよ。

•••準備するもの•••

道具
- ★ 大きめのボウル
- ★ しゃもじ
- ★ スプーン
- ★ タッパーなどの保存容器

材料
- ★ 米こうじ（かんそうさせたもの）…200g
（生のこうじの場合は250g）
- ★ 水…400mL
- ★ 塩…80g

注意 ボウルやスプーン、保存容器は、使う前に熱湯につけて消毒しておこう！

つくりかた

1 こうじをほぐす

ボウルに米こうじのかたまりを入れてほぐす。小さいかたまりになったら、両手を使ってもみながら、できるだけ1つぶ1つぶにばらす。

2 材料をまぜる

❶に水と塩を入れ、しゃもじを使ってよくまぜる。

3 材料をもむ

あるていどまざったら、両手でもんで、塩水とよくなじませる。

4 容器にうつす

スプーンを使って、3をタッパーなどの保存容器にうつし、ふたをする。

5 発酵させる

10〜14日のあいだ、20〜35℃くらいの室内において発酵させる。1日1回、ふたをとって、スプーンでよくまぜる。

6 できあがり

こうじのつぶがやわらかくなって形がくずれ、全体にしっとりなじんできたらできあがり。

塩こうじは、塩のかわりにさまざまな料理に使えるよ！

\使おう！/ 発酵のチカラ

しょうゆこうじだって、できちゃう！

塩こうじづくりと同じ手順で、水と塩のかわりにしょうゆを使うと、しょうゆこうじができます。材料は、米こうじ200gにしょうゆを400mLくらい。これをまぜて、こうじをよくもみほぐしてなじませたら、塩こうじづくりと同じように、容器に入れて1日1回かきまぜ室内で10〜14日間発酵させます。

しょうゆこうじをかけたブリのてりやき

お米があま酒に大へんしん

こうじの力でお米が発酵

　みなさんは、お正月のはつもうでや、ひな祭りなどの行事のときに、あま酒を飲んだことがありますか？　あま酒は、「こうじ」で米を発酵させてつくるアルコールが入っていない飲みもので、子どもでも飲むことができます。

　では、なぜ「あま酒」というのでしょう？　いろいろな説がありますが、「むかし、酒をつくる酒蔵で日本酒と同じように、米とこうじを使ってあま酒がつくられていたから」だと考えられています。今では酒蔵はもちろん、こうじの製造所などでもあま酒はつくられています。

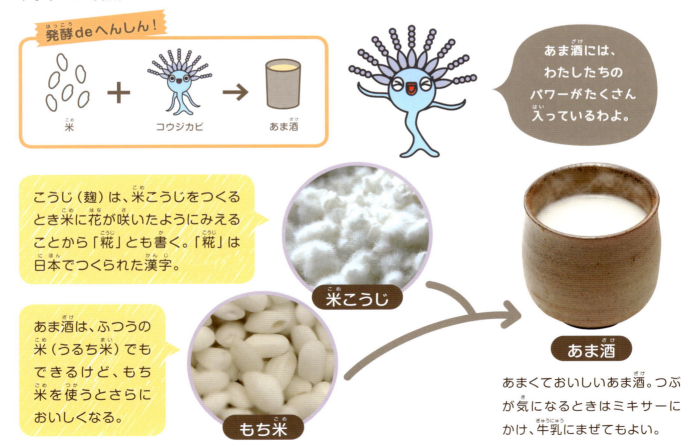

発酵deへんしん！

米 ＋ コウジカビ → あま酒

あま酒には、わたしたちのパワーがたくさん入っているわよ。

こうじ（麹）は、米こうじをつくるとき米に花が咲いたようにみえることから「糀」とも書く。「糀」は日本でつくられた漢字。

あま酒は、ふつうの米（うるち米）でもできるけど、もち米を使うとさらにおいしくなる。

米こうじ

もち米

あま酒

あまくておいしいあま酒。つぶが気になるときはミキサーにかけ、牛乳にまぜてもよい。

※酒かすでつくるあま酒にはごくわずかなアルコールがふくまれているので、この本では扱わず、つくりかたや栄養分などはすべてこうじでつくるあま酒をもとにしています。

天然の栄養ドリンク

米をあま酒に発酵させるとき、コウジカビはどんなはたらきをしているのでしょう。コウジカビは米の中のデンプン*をどんどん分解して、ブドウ糖やビタミン類、タンパク質をつくるアミノ酸などの栄養素をつくりだします。さらに、食べものの消化を助ける「消化酵素」という物質までつくりだしているのです。

今は行事などに合わせて寒い季節に飲むことが多いあま酒ですが、むかしは夏によく飲まれていました。クーラーやせんぷう機がない時代は、夏の暑さにより、食よくがなくなって体が弱ってしまうことがありました。そんなとき、むかしの人はあま酒を飲んで、元気をとりもどしていたのです。あま酒は、栄養豊富で消化を助けてくれる、夏バテ予防の強い味方なのです。

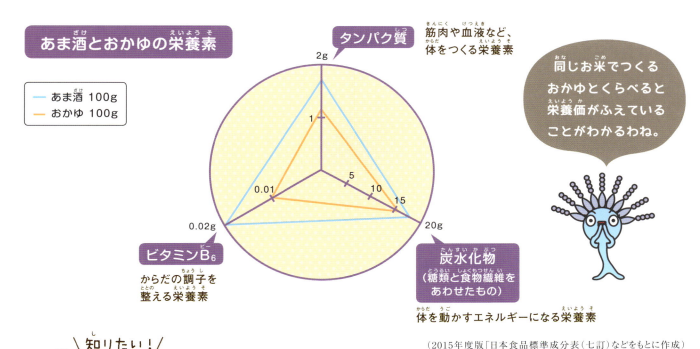

（2015年度版「日本食品標準成分表（七訂）」などをもとに作成）

知りたい！ 発酵まめちしき

江戸庶民を助けたあま酒

あま酒は古くからありましたが、一般の人びとが飲めるようになったのは、江戸時代の後半になってからです。そのころのあま酒のねだんは、1ぱい4文（今のお金で66〜100円ほど）。栄養のあるあま酒をだれもが気軽に飲めるようにと4文より高く売ってはいけないという決まりがあったほど、あま酒は人びとの生活にとってかかせないものだったようです。

江戸時代の本にえがかれた、あま酒を売り歩く商人のようす

*デンプン：糖類のひとつのブドウ糖が集まってできたもの

つくってみよう！ あま酒

> うるち米は、ごはんにして食べるお米よ。あま酒はうるち米でもつくれるけど、もち米を使うといっそうあまくできるわ。

準備するもの

道具
- ボウル（大と中）
- ざる
- すい飯ジャー
- お玉
- なべ
- 温度計
- しゃもじ
- 保温ポット

材料（900mL分）
- 米こうじ…200g
- もち米、または、うるち米…1合（180mL）
- 水①…600mL
- 水②…200mL

つくりかた

1 こうじをほぐす

米こうじを大きめのボウルに入れて、できるだけ1つぶ1つぶに手でほぐす。かたまりがのこらないように、気をつけよう。

2 米をあらう

米をボウルに入れてあらう。あらってから1〜2時間ほど水につけておき、使う前にはざるにあげて水を切る。

3 ごはんをたく

すい飯ジャーに **2** のお米と水600mLを入れて、ごはんをたく。ふつうのごはんをたくときより水が多いから、おかゆのようになる。

4 水をくわえる

3のごはんをお玉でなべにうつして、水200mLをくわえる。火にかけて70℃くらいになるように調節する。

5 こうじをまぜる

火を使うときは、おとなといっしょにね！

4にほぐしておいたこうじをまぜる。3回くらいにわけて入れ、しゃもじを使ってまぜる。温度計で計りながら、55℃より下がらないように手早くやろう。

6 保温する

5を55℃〜60℃の温度にして、お玉を使い保温ポットにうつす。そのまま10〜12時間ほど保温する。途中で1〜2回、しゃもじでかきまぜる。温度が55℃より下がってしまったら、なべにうつしてあたためる。

ひとくふう

保温はすい飯ジャーでもできる。すい飯ジャーのふたを開けたままで「保温」にセットする。ほこりが入らないように、ふきんをかけておこう。

7 できあがり

温度をたもちながら10〜12時間おくと、あま酒ができる。飲むときは、お湯や水をくわえて、かたさやあまさを調節しよう。夏は冷蔵庫で冷やして飲んでもおいしい。

できあがったあま酒は、なべに入れてふっとうさせると、発酵がとまり、味がたもたれるの。

発酵のチカラ

あま酒の楽しみ方

あま酒は、ふつう米のつぶつぶがのこっています。このつぶつぶのせいで、飲みにくいと感じたら、ミキサーにかけると飲みやすくなります。飲むときに、塩やしょうがをくわえるとあまさがひきたちます。また、製氷皿に入れて冷凍庫でこおらせれば、あま酒アイスのできあがり。プレーンヨーグルトにまぜれば、あま酒ヨーグルトにも。

あま酒をこおらせたあま酒アイス

ほかにもたくさん！発酵食品

これもあれも発酵食品？

これまで見たりつくったりしてきた食べもの以外にも、わたしたちのまわりには、たくさんの発酵食品があります。たとえば、ヨーグルトなどに入っているナタデココや、ピザにのっているサラミ、ラーメンにそえるメンマ、からいタバスコなども発酵食品なのです。

意外かもしれませんが、みんなが大すきなすしもはじまりは発酵食品だったといわれています。魚を塩とごはんでつけこんだ「なれずし」は奈良時代から食べられていた発酵食品です。発酵によりすっぱくなった魚とごはんをいっしょに食べることから、にぎりずしのもとになった食べものだと考えられています。

なれずし
その地域でとれる魚とごはんを発酵させてつくる。さまざまな種類がある。

にぎりずし
すめしの上に生の魚などをのせて、にぎったすし。

食べたことある？　発酵食品

ナタデココ

ココナッツの実の中にふくまれるココナッツ水に、水とさとうをくわえ、さらに酢酸菌という微生物を入れてつくる発酵食品。酢酸菌が発酵をおこすことで、2週間ていどで寒天のようなかたまりになる。ナタデココはサイコロ状に切って、くだものといっしょに食べたり、ヨーグルトに入れて食べたりする。

サラミ・生ハム

日本でつくられているサラミは、発酵させていないものが多いが、ヨーロッパなどでは古くから発酵させたサラミが食べられてきた。ブタやウシのひき肉に塩やコショウなどをまぜて、ブタの腸につめたあと、乳酸菌やさまざまな微生物によって発酵させている。サラダなどに使われる生ハムも塩づけした豚肉を発酵させてつくる。

タバスコ®

ピザやパスタなどにかけるとてもからいソース。1868年にアメリカのルイジアナ州で生まれた調味料で、発酵によってつくられている。タバスコは、すりつぶしたトウガラシを3年間塩づけし、乳酸菌によって発酵させている。発酵したトウガラシに、酢をくわえてからさをおさえている。

メンマ

メンマは麻竹というタケノコをむしたあと、塩づけしてつくられる。タケノコにいる乳酸菌が、1か月以上かけて発酵させることで、どくとくのあまさや、すっぱさがくわわる。

ふなずし

滋賀県の琵琶湖でとれたニゴロブナを使ったなれずしのひとつ。卵をもったフナを1年間ほど塩づけしたあとに、ごはんとフナをかさねて、さらにもう1年間塩水につけこんだもの。乳酸菌などによって発酵がすすんで、すっぱくなる。

まだまだ発酵食品はたくさんあるよ。みんなもさがしてみよう！

ゆたかな食文化をつくる発酵食品

みなさん、発酵食品をつくってみていかがでしたか？ じっさいにつくってみることで、発酵食品は目には見えない微生物の力をかりて、時間をかけてつくられることがわかったと思います。わたしたちがふだんから食べていた発酵食品は、古くから人びとの生活とともにあり、今も世界のさまざまなところで大切に受けつがれている、伝統的な食文化ともいえるでしょう。

さいごに、この本で大かつやくした微生物たちから、発酵食品についてもう少しお話してもらいましょう。

乳酸菌がつくる発酵食品

ぼくのなかまは、たくさんの発酵食品にかかわっていたね。ヨーグルトやチーズ、発酵バターなどの乳製品にくわえて、ぬかづけ、なれずし、メンマ、タバスコなど。世界中でさまざまな食べものをつくりだしている、大かつやくの菌さ！

ヨーグルト　チーズ　発酵バター　ぬかづけ　なれずし　メンマ　タバスコ

※ぬかづけは、乳酸菌以外にコウジカビや酵母がはたらくこともあります。

コウジカビがつくる発酵食品

米や麦、大豆にくっついてこうじとなるコウジカビは、米こうじでつくったあま酒をはじめとして、みそやしょうゆ、みりん、酒や酢など、和食にかかせない食べものをたくさん生みだしているのよ。和の食文化をささえるコウジカビのこと、もっと知ってくれたらうれしいわ！

米こうじ　あま酒　みそ　しょうゆ　みりん　酒　酢

※みそやしょうゆ、みりん、酒については『行ってみよう！　発酵食品工場』で紹介するよ。

酵母（イースト）がつくる発酵食品

ふんわりやわらか、かおりよいパンづくりにかかせないのは、酵母だよ。パンづくりでかつやくするのはもちろん、ワインやビールづくりにもかかわっているし、みそやしょうゆ、酒の発酵も手助けしているんだ。酵母がかつやくする発酵食品はパン以外にもたくさんあるぞ！

パン　ワイン　ビール　しょうゆ　みそ　酒

※ワイン、ビールなどでの酵母のかつやくは『行ってみよう！　発酵食品工場』を見てね。

工場見学に行ってみよう！
次の巻の『行ってみよう！　発酵食品工場』では、じっさいに発酵食品がつくられている工場を見学して、発酵食品のさらなるひみつにせまるよ！

さくいん

ア行
- 悪玉菌 …… 11
- 浅づけ …… 19
- アスペルギルス・オリゼー …… 34
- あま酒 …… 34, 38, 39, 40, 41, 45
- アミノ酸 …… 39
- アメリカ …… 21
- アルコール …… 27, 38
- イースト …… 24, 25, 26, 27, 29, 31, 45
- 一夜づけ …… 19
- イラン …… 9, 28
- インド …… 28
- ウスターソース …… 7
- うるち米 …… 38, 40
- 江戸時代 …… 21, 39
- 江戸わずらい …… 21

カ行
- かすづけ …… 19, 20
- かつおぶし …… 6
- 脚気 …… 21
- カビ …… 3
- カリウム …… 11
- カルシウム …… 11
- 韓国 …… 21
- 気泡 …… 27
- キムチ …… 21
- 牛乳 …… 7, 8, 10, 11, 12, 13, 14, 15, 38
- 菌 …… 3
- クープ …… 27
- クリーム …… 14, 15
- こうじ …… 19, 20, 34, 35, 36, 37, 38, 40, 41, 45
- こうじ売り …… 35
- コウジカビ …… 3, 19, 20, 34, 35, 38, 39, 44, 45
- こうじづけ …… 19, 20
- 酵母 …… 3, 26, 44, 45
- 古代エジプト …… 29
- 古代ギリシャ …… 29
- 古代メソポタミア …… 29
- 古代ローマ …… 29

- コッペパン …… 7
- 小麦 …… 28
- 小麦粉 …… 26, 27, 28, 30, 31
- 米 …… 19, 21, 34, 35, 38, 39, 40, 45
- 米こうじ …… 34, 36, 37, 38, 40, 45
- 米ぬか …… 6, 19, 20, 21, 22

サ行
- 酢酸菌 …… 42
- 酒 …… 6, 38, 45
- 酒かす …… 19, 20, 38
- サラミ …… 42, 43
- ザワークラウト …… 21
- サワークリーム …… 17
- 塩こうじ …… 35, 36, 37
- 塩づけ …… 18, 19, 21, 43
- 脂肪 …… 15, 16
- 消化酵素 …… 39
- 縄文時代 …… 19
- しょうゆ …… 3, 6, 34, 35, 37, 45
- しょうゆこうじ …… 35, 37
- 食パン …… 7
- 酢 …… 7, 19, 25, 34, 43, 45
- すし …… 42
- すてづけ …… 23
- ストレプトコッカス …… 10
- 生乳 …… 14, 15

タ行
- 大豆 …… 34, 35, 45
- タコス …… 28
- たねこうじ …… 35
- タバスコ …… 42, 43, 44
- 炭酸ガス …… 27, 31, 32
- 炭水化物 …… 39
- タンパク質 …… 10, 11, 15, 39
- チーズ …… 3, 7, 14, 15, 18, 44
- 乳 …… 9, 13, 14, 15
- チャパティ …… 28
- 調味料 …… 6, 7, 19, 34, 35, 43
- つけもの …… 18, 19, 21
- デンプン …… 39
- ドイツ …… 21
- 豆乳ヨーグルト …… 13

どうぶつパン	30
トウモロコシ	28
糖（類）	10, 27, 39
トルコ	9
トルティーヤ	28
ドレッシング	7

ナ行

ナタデココ	42
納豆	6
生クリーム	15, 16, 17
生ハム	43
奈良時代	19, 35, 42
奈良づけ	19
なれずし	42, 44
にぎりずし	42
二酸化炭素	27
日本	19, 21, 43
日本酒	34, 38
乳酸	10
乳酸菌	3, 8, 9, 10, 11, 13, 15, 18, 20, 43, 44
乳清	11
乳製品	14, 15, 44
乳糖	10
ぬかづけ	6, 19, 20, 21, 22, 44
ぬか床	22, 23

ハ行

バター	14, 15, 17, 26, 30, 31
バターミルク	15, 17
発酵	3, 7, 8, 9, 11, 14, 15, 16, 17, 18, 19, 20, 21, 25, 26, 27, 28, 29, 31, 32, 33, 35, 37, 38, 39, 41, 42, 43, 45
発酵食品	3, 6, 7, 26, 35, 42, 43, 44, 45
発酵つけもの	18, 19, 20, 21
発酵乳	8
発酵バター	15, 16, 17, 44
発酵パン	29
パン	3, 6, 7, 15, 26, 27, 28, 29, 31, 33, 45
ビール	3, 45
ピクルス	21, 24, 25
微生物	3, 8, 11, 42, 43, 44
ピタパン	28
ビタミン	11, 20, 39
ビタミンB_1	20, 21
ビタミンB_6	39
ビタミンK	20
ヒツジ	9, 15
平やきパン	28
ブドウ糖	39
ふなずし	43
フランスパン	7, 27
プレーンヨーグルト	9, 11, 12, 13
平安時代	19
べったらづけ	19
ベンチタイム	32
ホエー	11

マ行

マーラーカオ	28
豆こうじ	34
みそ	3, 6, 34, 35, 45
みそ汁	6
みりん	6, 34, 45
麦	19, 34, 35, 45
麦こうじ	34
無発酵パン	28, 29
室町時代	35
メキシコ	28
メソポタミア地方	28
メソポタミア文明	29
メンマ	42, 43, 44
もち米	38, 40

ヤ行

ヤギ	9, 15
洋食	6, 7
ヨーグルト	3, 7, 8, 9, 10, 11, 12, 13, 14, 15, 16, 17, 18, 42, 44
ヨーロッパ	21, 43

ラ行

ラクダ	15
ラクトバチルス	10
らっきょうづけ	19
離乳食	11
レンネット	15

ワ行

ワイン	3, 45
和食	6, 34, 45

● 監修者
小泉 武夫（こいずみ たけお）
東京農業大学名誉教授。農学博士。専門は、醸造学、発酵学、食文化論。発酵と食文化についての深い見識をもち、研究のかたわら、執筆、講演、テレビ・ラジオ出演など多方面で活躍。
著書に、『発酵ーミクロの巨人たちの神秘ー』（中央公論社）、『いのちをはぐくむ農と食』（岩波ジュニア新書）、『FT革命—発酵技術が人類を救う』（東洋経済新報社）、『食と日本人の知恵』（岩波現代文庫）など多数。

● 執筆
中居 惠子

● イラスト
片庭 稔

● キャラクター
いとうみつる

● 撮影
岡部 敏明（p.12-13、p.16-17、p.22-25、p.36-37、p.40-41）
木藤 富士夫（p.30-33）

● 撮影協力
島田 由美子（ワインセラー ローゼンタール）
（p.12-13、p.16-17、p.22-25、p.36-37、p.40-41）

● 写真提供
AC／神奈川県衛生研究所／株式会社明治／キリンビバレッジ株式会社／小泉武夫／糀屋三左衛門／糀屋本店／佐藤希以寿／生活クラブ風の村とんぼ舎さくら／PIXTA／フォトライブラリー／歴史公園えさし藤原の郷

● 編集・デザイン
ジーグレイプ株式会社

食べものが大へんしん！ 発酵のひみつ
つくってみよう！ 発酵食品

初 版　第1刷　2016年11月25日

発　行　株式会社ほるぷ出版
　　　　〒169-0051 東京都新宿区西早稲田2-20-9
　　　　電話　03-5291-6781
発行人　高橋信幸
印刷所　共同印刷株式会社
製本所　株式会社ハッコー製本

NDC596　270×210mm　48P
ISBN978-4-593-58753-7　Printed in Japan

落丁・乱丁本は、購入書店名を明記の上、小社営業部宛にお送りください。送料小社負担にて、お取り替えいたします。

● 参考文献

舘博監修『図解でよくわかる 発酵のきほん』
誠文堂新光社、2015年

小泉武夫・金内誠・舘野真知子監修
『すべてがわかる!「発酵食品」事典』世界文化社、2013年

小泉武夫編著『発酵食品学』講談社、2012年

栗原堅三著『うま味って何だろう』岩波ジュニア新書、2012年

山村紳一郎著『顕微鏡で見るミクロの世界』
誠文堂新光社、2012年

小泉武夫監修
『おどろきの栄養パワー 発酵食品の大研究
みそ、しょうゆからパン、チーズまで』PHP研究所、2010年

農文協編『農家が教える 自由自在のパンづくり』
農山漁村文化協会、2010年

協和発酵工業（株）編
『とことんやさしい発酵の本』日刊工業新聞社、2008年

小泉武夫著『菌が地球を救う!』宝島社新書、2007年

小泉武夫監修『日本の伝統食を科学する』（全3巻）
汐文社、2005-2006年

小崎道雄著『乳酸菌―健康をまもる発酵食品の秘密』
八坂書房、2002年

村尾澤夫・藤井ミチ子・荒井基夫共著
『くらしと微生物 改訂版』培風館、1993年

小泉武夫著『発酵ーミクロの巨人たちの神秘ー』
中公新書、1989年